AF460879

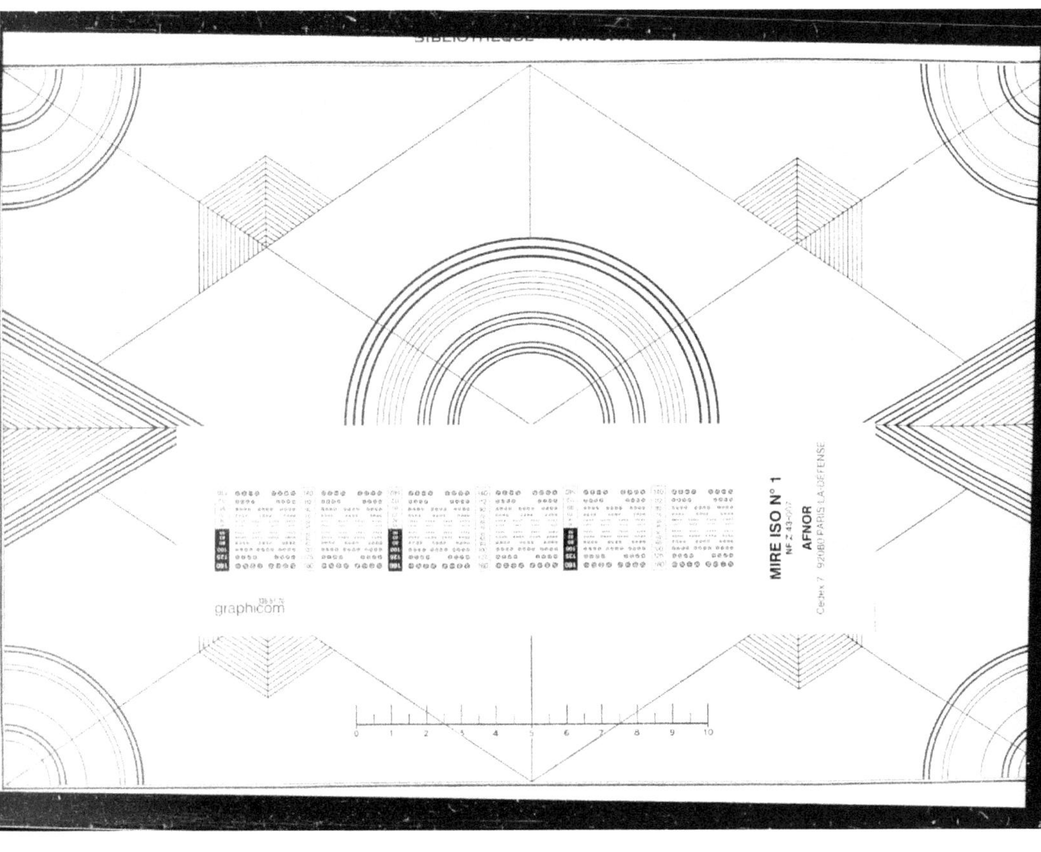
MIRE ISO N° 1
AFNOR
Cedex 7 92080 PARIS LA DEFENSE
graphicom
0 1 2 3 4 5 6 7 8 9 10

30. Lorsque j'ai dit, dans le cours de ces Lettres, que les *fluides aériformes* paroissoient avoir en commun, l'*eau* pour partie sensiblement *pondérable*, & le *feu* pour cause immédiate de leur *expansibilité*, je n'avois en vue que ceux de ces fluides, qui se manifestent dans les diverses opérations de notre Chimie, & qui y subissent des modifications d'après lesquelles nous pouvons discerner quelques-uns de leurs ingrédiens. Mais je vois bien des raisons de penser, que l'atmosphère renferme d'autres fluides de cette espèce, qui, résistant à toutes les opérations par lesquelles l'*air atmosphérique* est diminué, demeurent, à notre insu, mêlés au *résidu* de celui-ci, considéré cependant comme un seul fluide. J'indiquerai bientôt les raisons que j'ai de cette opinion; mais supposons d'abord qu'il existe en effet plusieurs *fluides aériformes* inconnus, dont les quantités soient variables; & imaginons que, par leur moindre pesanteur spécifique, ils tendent à s'élever dans les régions supérieures. Nous pourrons concevoir alors, que par leur mélange avec l'*air commun*, en certaines proportions, & à un certain degré de *dilatation* & de *secheresse*, ils peuvent produire la *décomposition* de cet air. Je ne fatiguerai pas l'attention des chimistes, en rapportant ici les opérations analogues, qui se multiplient à mesure qu'on découvre & combine de nouveaux gaz. Quelques-uns de ceux que je suppose, peuvent être

l'Oiseau Privé

NOUVELLE MÉTHODE D'ENSEIGNER L'A. B. C.

ET A EPELLER AUX ENFANS

en les amusant par des figures agréables et propres a leur faire faire des progrés dans la Lecture

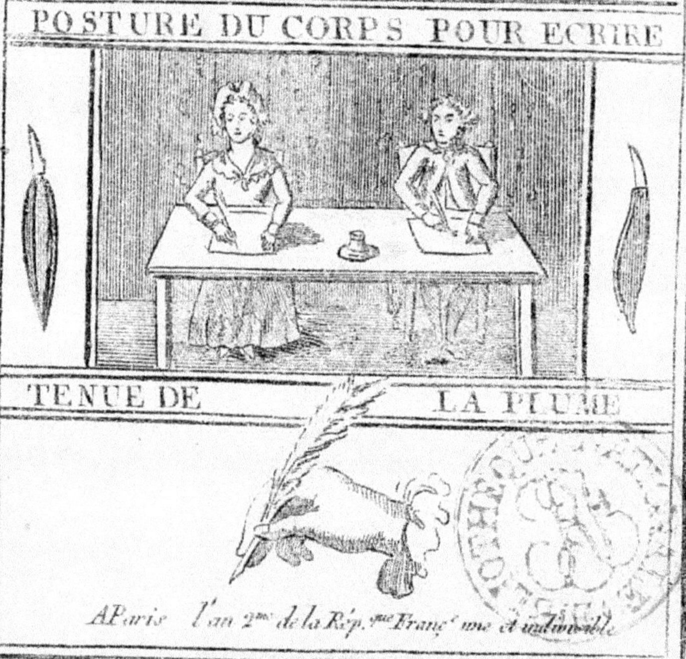

A Paris l'an 2me de la Rép. que Franç. une et indivisible

Chez Devaux Libraire Maison de l'Egalité N.° 181.

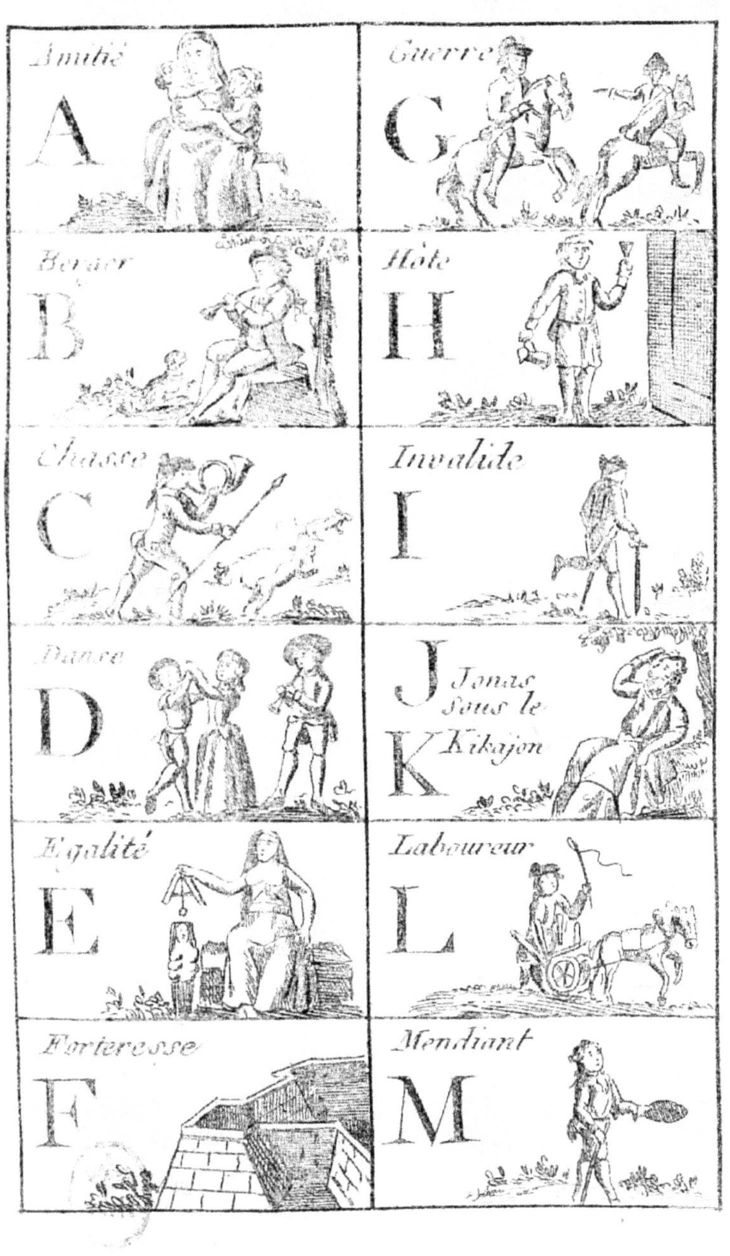

Amitié
A
Berger
B
Chasse
C
Dance
D
Egalité
E
Forteresse
F
Guerre
G
Hôte
H
Invalide
I
J
Jonas sous le Kikajon
K
Laboureur
L
Mendiant
M

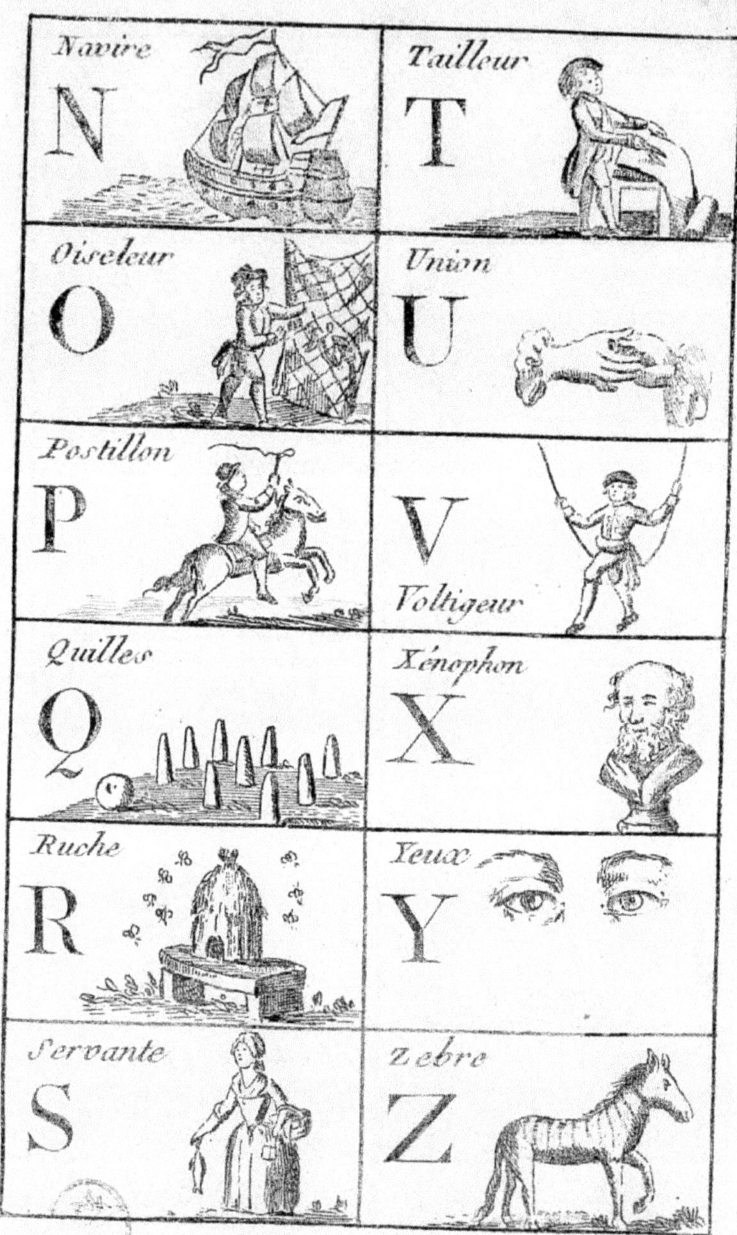
Navire
N
Tailleur
T
Oiseleur
O
Union
U
Postillon
P
V
Voltigeur
Quilles
Q
Xénophon
X
Ruche
R
Yeux
Y
Servante
S
Zebre
Z

Lettres courantes Romaines.

a b c d e é è ê ë f g
h i j k l m n o p q r ſ
s t u v x y z.

Lettres Capitales Romaines.

A B C D E F G H
I J K L M N O P Q
R S T U V X Y Z.

Il est important pour la lecture de prononcer : *j je*, & *v ve*.

Lettres courantes italiques.

a b c d e é è ê ë f g h i j k
l m n o p q r s t v u x y z,

Lettres Capitales italiques.

A B C D E F G H I J
K L M N O P Q R S
T V U X Y Z.

Lettres voyelles.

A E I O U.

Consonnes.

BCDFGHJKLM
NPQRSTVXYZ.

Lettres liées ensembles.

& ct ſſ ſſſ ſl ſſl ſt ſi ſſi fi
ffi æ œ.

& ct ſſ ſſſ ſl ſſl ſt ſi ſſi fi
ſſi œ æ.

SYLLABES. (1)

Ba	bé	bi	bo	bu
Ca	cé	ci	co	cu
Da	dé	di	do	du
Fa	fé	fi	fo	fu
Ga	gé gue	gi gui	go	gu
Ha	hé	hi	ho	hu
Ja	jé	ji	jo	ju
Ka	ké	ki	ko	ku
La	lé	li	lo	lu
Ma	mé	mi	mo	mu
Na	né	ni	no	nu
Pa	pé	pi	po	pu
Qua	qué	qui	quo	quu
Ra	ré	ri	ro	ru
Sa	ſé	ſi	ſo	ſu
Ta	té	ti	to	tu
Va	vé	vi	vo	vu
Xa	xé	xi	xo	xu
Za	ze	zi	zo	zu

Cet accent ʹ s'appelle aigu. Celui-ci ` s'appelle grave. Le suivant ^ s'appelle circonflexe.

Les accents servent à marquer le ton de la voix.

---

(1) On appelle *syllabe* un assemblage de lettres qui ne forment qu'un son.

Mots d'une syllabe.

Blanc	bleu	bien	bœuf	boit
Caux	cent	ceux	cinq	corps
Dans	deux	dix	dont	d'un
Eau	en	eſt	eut	eux
Faut	feint	frit	fond	fut
Grand	grec	gris	gros	gru
Haut	hé	hi	hors	hut
Ja	je	il	jonc	jus
Lard	lent	lit	long	luth
Mal	met	mil	mon	mur
N'a	nerf	nid	nord	nu
Pas	peu	pis	pot	pu
Quand	quel	qu'il	qu'on	qu'un
Rat	ret	ris	roc	rut
Sain	ſel	s'ils	ſot	ſuc
Tant	tel	tic	tort	turc
Val	ver	vil	vol	vu

Pour s'arrêter un peu (,). Pour s'arrêter davantage (;). Pour s'arrêter davantage encore (:). Pour s'arrêter tout-à-fait (.). Quand on interroge (?). Quand on admire (!).

Mots de deux syllabes, formés des syllabes Ba bé, &c.

Al-la	le-va	bu-ta	fi-xé	bê-te
ba-va	me-na	cu-va	mi-né	cè-ne
ca-va	pe-la	du-pa	pi-qué	dè-te
da-ma	ſe-ma	fu-ma	ri-mé	el-le
fa-na	ve-na	hu-ma	po-té	fè-te
gâ-ta	bi-na	ju-ra	co-lé	gê-ne
hâ-ta	ci-ta	lu-ta	do-ré	jè-te
i-ra	dî-na	mu-ra	or-né	lé-ve
ja-pa	fi-la	ru-a	ro-té	mè-re
la-va	i-ra	ſu-a	bu-té	nè-te
ma-ma	li-ma	tu-a	du-ré	pè-re
na-gea	mi-ra	bâ-té	fu-mé	quê-te
ô-ta	ni-pa	da-té	a-me	rè-ne
pa-pa	pi-la	é-té	ba-le	ſè-xe
ra-ma	qui-ta	mâ-té	ca-pe	tê-te
ſa-la	ri-ra	na-gé	â-ne	zè-le
tâ-ta	ſci-a	pâ-té	fa-re	bi-le
va-ca	ti-ra	ra-pé	ga-le	ci-te
bé-la	vi-ra	ſa-pé	ha-le	di-re
cé-la	bo-ta	ta-xé	ja-pe	fi-ne
dé-ja	co-ta	va-qué	la-pe	gî-te
er-ra	do-ta	be-né	ma-ge	li-me
fé-la	go-ba	ce-dé	na-pe	mi-ne

gé-na	ho-la	fe-né	pâ-le	ni-pe
mé-la	mo-qua	ge-lé	ra-re	pi-re
qué-ta	no-ta	se-lé	sa-ge	qui-te
ce-la	quo-ta	ci-ré	tâ-te	ri-re
fe-ra	rô-da	dî-mé	va-se	ci-re
ge-la	vo-la	a-mi	de-mi	ti-pe
vi-ve	bu-te	bâ-ti	i-ci	ba-tu
bo-le	cu-be	plu-me	bu-ri	fa-lu
co-le	du-re	ha-ï	fi-ni	pa-ru
do-se	fu-me	ma-ri	mi-di	va-lu
hô-te	ju-ge	pâ-li	jo-li	é-cu
no-ce	lu-ne	ra-vi	po-li	fé-tu
on-ze	nu-que	sa-li	rô-ti	tê-tu
po-re	pu-ce	ta-ri	vo-mi	vé-cu
quo-te	ru-de	dé-fi	mu-gi	me-nu
Ro-me	su-ce	é-pi	pu-ni	re-vu
so-le	tu-e	gé-mi	ru-gi	te-nu
to-me	vu-e	pé-ri	su-bi	ve-nu
zo-ne	u-ne	ce-ci	u-ni	mor-du

Mots de trois syllabes formés des syllabes Ba bé, *&c.*

a-ba-tu	co-lè-re	é-pel-lé	go-be-ra
a-bo-li	don-ne-ra	é-pé-e	ha-bi-le
al-lu-mé	dé-bi-le	é-pu-ra	hé-ri-ta
ac-ti-ve	di-ur-ne	é-qui-té	ho-no-ré

am-bi-gu do-ru-re ex-ci-té hu-mi-de
an-nu-el du-re-té ex-ha-la i-do-le
a-vi-li é-bè-ne ex-o-de i-ma-ge
ba-di-na é-ca-lé fa-ci-le in-hu-ma
ré-sul-ta é-co-le fa-go-té in-on-dé
bi-tu-me é-cu-ré fi-gu-ra jo-li-e
bo-ré-al ef-fa-cé fo-li-e ir-ri-té
bu-ri-né é-lo-ge fu-re-té la-pi-dé
ca-ba-le é-lu-dé ga-lo-pa lé-gi-on
cé-le-ri en-ne-mi gé-né-ral li-qui-de
ci-vi-le ni-pe-ra gi-go-té ſu-jè-te
lo-gi-que no-ti-ce pu-re-té ta-ci-te
lu-te-ra nu-di-té qua-li-té te-nu-e
ma-la-de o-bo-le que-rè-le ti-mi-de
ma-nu-el o-pa-que ra-re-té li-mi-te
ma-ri-é im-pri-mé re-ve-nu gé-né-ral
me-né-e op-ti-que ri-gi-de u-ni-on
mi-nu-te or-du-re rô-ti-ra u-ni-té
mo-dé-ré o-vi-de ru-gi-ra u-ti-le
mu-tu-el pa-ro-le lé-gè-re vé-ri-té
na-tu-re pe-ti-te ſé-vè-re vi-o-la
né-ga-tif pi-lo-ri ſi-tu-é vo-lu-me

Mots de quatre syllabes, composés des syllabes
Ba, bé.

Ab-so-lu-e co-mé-di-en gé-né-ri-que
ac-ti-vi-té cu-pi-di-té gu-tu-ra-le

al-li-an-ce
a-ma-zo-ne
a-né-an-ti
gé-o gra-phie
ap-ti-tu-de
ar-ti-fi-ce
aſ-ſo-ci-é
aſ-ſu-jé-ti
ba-di-na-ge
bé-né-fi-ce
bi-ga-mi-e
ca-ma-ra-de
cé-lé-ri-té
ci-vi-li-té
ma-gi-ci-en
mé-mo-ri-al
mé-na-ge-ra
mi-né ra-le
mo-bi-li-té
mu-tu-el-le
no-ti-fi-a
nu-mé-ra-le
Oc-cu-pe-ra
op-ti-mis-me
Sa-ga-ci-té

dé-gé-né-ra
dé-cu-ri-on
di-mi-nu-é
do-ci-li té
é-di-fi-a
é-mé-ti-que
é-ga-lité
é-vi-te-ra
é-co-no-me
eſ-ca-la-de
fa-na-ti-que
fé-li-ci-ta
fi-li-gra-ne
ga-lé-ri-en
pa-ci-fi-que
pé-nin-ſu-le
pi-ra-mi-de
po-li-ti-que
qua-li-fi-é
quo-ti-di-en
ra-ré-fi-é
re-ti-ré-e
ri-di-cu-le
ru-bi-con-de
vi-va-ci-té

ha-bi-tu-de
hé-ro-ï-que
ho-nê-te-té
hu-ma-ni-té
Il-lu-mi-né
in-al-té-ré
in-dé-fi-ni
in-é-fa-ble
ja-ve-li-ne
im-pre-na-ble
la-ti-tu-de
lé-gi-ti-me
li-mo-na-de
lo-gi-ci-en
lu-na-ti-que
ſé-cu-ri-té
ſo-ci-é-té
ſu-a-vi-té
té-mé-ri-té
ty-ran-ni-que
u-na-ni-me
u-ti-li-té
va-ri-é-té
vé-lo-ci-té
tra-duc-ti-on

Mots de cinq syllabes, formés des syllabes Ba bé, *&c.*

Af-fa-bi-li-té	cé-ré-mo-ni-al	fa-mi-lia-ri-sé
al-le-go-ri-que	co-pu-la-ti-ve	ga-lé-ri-en-ne
a-na-to-mi-que	dé-fi-ni-ti-ve	ha-bi-tu-el-le
an-ti-ci-pe-ra	cons-ti-tu-ti-on	il-lu-mi-né-e
ar-ti-fi-ci-el	é-co-no-mi-e	lé-gi-ti-mi-té
bé-a-ti-tu-de	é-di-fi-e-ra	mu-ta-bi-li-té
ca-pi-tu-le-ra	é-lé-gi-a-que	vo-la-ti-li-té

Mots de six syllabes, formés des syllabes Ba bé, *&c.*

an-té-ri-o-ri-té	in-nef-fa-bi-li-té
a-po-lo-gé-ti-que	in-fé-ri-o-ri-té
ar-ti-fi-ci-el-le	ir-ré-gu-la-ri-té
dé-li-bé-ra-ti-ve	ma-thé-ma-ti-ci-en
fa-mi-li-a-ri-té	re-ca-pi-tu-le-ra
gé-né-a-lo-gi-que	su-pé-ri-o-ri-té
il-lu-mi-na-ti-on	im-pec-ca-bi-li-té

CHIFFRES,

Romains.		Arabes.
I	*un*	1
II	*deux*	2
III	*trois*	3
IV	*quatre*	4
V	*cinq*	5
VI	*ſix*	6
VII	*ſept*	7
VIII	*huit*	8
IX	*neuf*	9
X	*dix*	10
XI	*onze*	11
XII	*douze*	12
XIII	*treize*	13
XIV	*quatorze*	14
XV	*quinze*	15
XVI	*ſeize*	16
XVII	*dix ſept*	17
XVIII	*dix-huit*	18
XIX	*dix-neuf*	19
XX	*vingt*	20
XXX	*trente*	30
XL	*quarante*	40
L	*cinquante*	50
LX	*ſoixante*	60
LXX	*ſeptante*	70
LXXX	*quatre-vingt*	80
XC	*quatre-vingt-dix*	90
C	*cent*	100
CC	*deux cents*	200
CCC	*trois cents*	300
CCCC. ou CD	*quatre cents*	400
D	*cinq cents*	500
DC	*ſix cents*	600
DCC	*ſept cents*	700
M	*mille*	1000
M. DCC. XCIII.	*Mille ſept cent quatre-vingt treize*	1793

ANNUAIRE RÉPUBLICAIN.

L'année est divisée en douze mois égaux de trente jours chacun. Chaque mois est divisé en trois parties égales de dix jours chacune, qu'on appelle *décades*.

Les noms des mois sont :

VENDÉMIAIRE.	GERMINAL.
Mois des vendanges.	Mois des germes.
BRUMAIRE.	FLORÉAL.
Mois des brouillards.	Mois des fleurs.
FRIMAIRE.	PRAIRIAL.
Mois des frimats.	Mois des prairies.
NIVOSE.	MESSIDOR.
Mois des neiges.	Mois des moissons.
PLUVIOSE.	THERMIDOR.
Mois des pluies.	Mois des chaleurs.
VENTOSE.	FRUCTIDOR.
Mois des vents.	Mois des fruits.

Il y a cinq jours pour completter l'année, qui n'appartiennent à aucun mois : on leur a donné le nom révolutionnaire de *Sans-culotides*

Le premier est consacré à la Fête de la *Vertu* ; le second à celle du *Génie* ; le troisième à celle du *Travail* ; le quatrième à celle de *l'Opinion* ; le cinquième à celle des *Récompenses*

Tous les quatre ans, il y a de plus un sixième jour employé à la célébration de jeux nationaux.

PRIMIDI *l'Enfance*

DUODI *les petits Soldats*

Primdi, première décade.

L'ENFANCE.

Un enfant n'a point assez de forces pour travailler ; mais il peut bien apprendre à lire. Rien n'est plus facile. La lecture donne du plaisir dans le moment, et procure de grands avantages dans la suite. On lit de jolis contes, de belles histoires, des traits de courage et de vertu : on apprend mille choses intéressantes.

L'enfance est aussi le temps de se former à l'écriture. Il n'est jamais trop tôt de commencer : c'est une grande ressource dans tous les états. On peut soi-même faire ses affaires, et l'on se procure le plaisir de s'entretenir avec les absents.

Duodi, première décade.

LES PETITS SOLDATS.

Je fus enchanté hier, en passant sur la promenade publique. Il y avoit une troupe de petits garçons de sept à huit ans, qui faisoient l'exercice. Le plus âgé d'entr'eux les commandoit. Tous étoient bien en mesure. *A droite ; à gauche ; en avant. Marche. Halte. Présentez..... Arme, Portez..... Arme. Reposez-vous..... Arme. Arme à terre.* Le petit tambour battoit à ravir.

Tridi, première décade.

BEAUTÉ DE LA NATURE.

Quand on considère le soleil qui nous éclaire, la terre qui se couvre de moissons pour nous nourrir, les animaux qui nous environnent pour nous aider dans nos travaux et pour nous vêtir, on ne peut s'empêcher de dire : le monde est gouverné par un être suprême; nous ne le voyons pas, mais ses ouvrages nous le font connoître.

Cet être suprême, c'est *Dieu*.

Il faut pour lui plaire, ne rien faire à autrui que nous ne voudrions pas qu'on nous fît; chérir nos parents, les respecter, leur obéir; honorer les vieillards; traiter tous les hommes comme nos frères; porter du secours à celui qui en a besoin; pardonner les injures; ne dire du mal de qui que ce soit, parler sans déguisement et sans flatterie; bannir tout sentiment de jalousie ou d'orgueil; réprimer les mouvements de colère; en un mot, suivre à la rigueur les loix de la justice et de la probité.

Quartidi, première décade.

LES LABOUREURS.

Il faut suivre les laboureurs dans leurs travaux, pour se former une juste idée de leurs fatigues. Le bled n'est point une semence jettée au ha-

TRIDI *Beauté de la Nature*

QUARTIDI *les Laboureurs*

sard. Après avoir ouvert la terre en sillons, on la laisse pendant quelques mois se pénétrer de l'ardeur du soleil, puis on la laboure de nouveau, avant d'y répandre du fumier, et l'on passe encore la charrue pour enterrer la semence.

Dans le temps de la moisson, nouvelles fatigues. Dès la pointe du jour, l'habitant des campagnes s'arrache au repos, brave la chaleur, et ne quitte le travail que long-temps après le coucher du soleil.

Le premier de tous les arts est, sans contredit, l'agriculture. Ceux qui l'exercent ont de grands droits à notre reconnoissance.

Quintidi, première décade.

LA JEUNESSE.

Les jeux sont encore de saison dans la jeunesse; mais ce sont des jeux utiles, qui donnent de la force ou de l'adresse, comme la course, la danse, l'exercice des armes, &c.

Rien de plus naturel que d'employer ses forces au travail, à proportion qu'elles augmentent. Un enfant bien né se félicite de cette pensée : que bientôt il trouvera des ressources en lui-même et qu'il va devenir l'appui de ses bienfaiteurs. Chacun applaudit à sa noble émulation. C'est le palmier que le voyageur admire, dans l'espoir de se reposer un jour à son ombre.

Sextidi, première décade.

LES RAMONEURS.

Nés dans un pays de montagnes, trop pauvres pour nourrir toute l'année ses habitants, les ramoneurs quittent leurs foyers, sur la fin de l'automne, résignés à l'économie la plus stricte et au genre de vie le plus dur pendant six mois. Le terme de leur exil expiré, ces pauvres enfants emportent gaiement au sein de leurs familles le fruit de leurs épargnes. Quoique misérables et naturellement intéressés, ils sont d'une probité à toute épreuve.

Septidi,

QUINTIDI *la Jeunesse*

 SEXTIDI *les Ramoneurs*

SEPTIDI *l'Imprimerie*

OCTIDI *le Bossu*

Septidi, première décade.

L'IMPRIMERIE.

Une classe d'hommes bien dignes de notre admiration, est celle des artistes. Voyez le forgeron tirer d'un métal grossier les instruments les plus commodes ; le menuisier donner au bois mille formes élégantes ; le fabriquant composer de fils séparés l'étoffe de vos habits : voyez sur-tout comme l'imprimeur multiplie rapidement les productions de la pensée. Avant cette ingénieuse découverte, les livres étoient une chose extrêmement rare. Il falloit être riche pour s'en procurer. Maintenant, deux ouvriers, en moins d'un jour, exécuteront, sans peine, ce que cent écrivains n'auroient pas fait dans un mois.

Octidi, première décade.

LES BOSSUS.

Les bossus, les boiteux et les borgnes ont presque tous de l'esprit. Ce n'est pas que la nature les traite différemment des autres hommes ; mais, comme ils se sentent exposés aux mauvaises plaisanteries, par leur difformité, ils font de bonne heure usage de toute leur raison, pour gagner du côté de l'esprit ce qui leur manque du côté du corps.

Nonidi, première décade.

LA VIEILLESSE.

L'âge avancé mérite des égards et du respect, on n'y parvient qu'après une longue suite de travaux, et par une vie sobre et réglée.

Livrée à elle-même, la jeunesse se perdroit dans les écueils, en bravant les hasards; tempérée par la vieillesse, elle prévient les difficultés et triomphe des évènements.

C'est un modèle bien sûr que la conduite d'un vieillard.

Décadi, première décade.

LES OISEAUX RENDUS A LA LIBERTÉ.

Mélèze, les jours de congé, s'amusoit, dans la belle saison, à couvrir de glu de petites branches d'arbres qu'il plantoit au bord d'un ruisseau. Il se cachoit ensuite, sans faire de bruit. De petits oiseaux , en venant se desaltérer, s'embarrassoient les pattes, et bientôt après les aîles, de manière à ne pouvoir plus voler. Tout le plaisir de *Mélèze* consistoit à les tenir quelques instants dans ses mains, pour les carresser, puis il les lavoit pour ôter la glu ; et, dès que les plumes étoient sèches, il les faisoit envoler, en s'écriant, soyez libres ; vous avez peut-être des enfans qui auroient bien du chagrin, si je vous

NONIDI. *la Vieillesse.*

DECADI. *les Oiseaux rendus à la Liberté.*

gardois ; vous-mêmes, vous seriez malheureux ; allez, mes petits amis, je vous aime trop pour vous faire du mal.

Primidi, deuxième décade.

La belle soirée.

La charmante soirée ! disoit un père à son jeune fils ; regarde : le soleil est prêt à se coucher : comme il est beau ! nous pouvons l'envisager maintenant ; il n'est pas si éblouissant qu'à l'heure du dîner. Comme les nuages sont beaux aussi autour de lui ! ils sont de couleur de soufre, de couleur d'écarlate et de couleur d'or. Mais vois-tu avec quelle vîtesse il descend : déjà nous ne pouvons plus en voir que la moitié ; nous ne le voyons plus du tout. Adieu, soleil, jusqu'à demain matin.

A présent, mon fils, tourne les yeux de l'autre côté. Vois la lune qui brille derrière les arbres. On diroit qu'elle est pleine de sang. Elle est toute ronde, aujourd'hui, parce que c'est pleine lune ; elle ne sera pas si ronde demain au soir. Elle perdra encore un morceau après demain, un autre morceau le jour suivant ; et toujours de plus en plus, jusqu'à ce qu'elle devienne comme ton arc. Alors on ne la verra plus qu'à l'heure où tu seras au lit ; et de jour en jour, elle deviendra encore plus petite, jusqu'à ce qu'on ne la voie plus du tout, au bout de quinze jours. Ce sera ensuite nouvelle lune et tu la verras dans l'après midi; mais elle deviendra chaque jour plus grande et plus ronde, jusqu'à ce qu'au bout de quinze jours elle soit tout à fait pleine, comme aujourd'hui; et tu la verras encore se lever derrière les arbres.

Duodi, deuxième décade.

LE GATEAU BIEN EMPLOYÉ.

Le jeune *Colsat* partageoit un gâteau, lorsqu'il apperçut venir à lui un vieillard avec son violon. C'étoit un aveugle qui se faisoit conduire par un petit chien qu'il tenoit au bout d'une longue corde. Le petit chien le menoit avec beaucoup d'adresse; et quand il voyoit du monde, il secouoit la sonnette pendue à son cou, pour avertir les passants de ne pas faire de mal à son maître. Le vieillard, ayant entendu du bruit autour de lui, s'assit sur une pierre et proposa de jouer de jolis airs. *Colsat* ne demandoit pas mieux. Le vieillard accorda son violon et joua tout ce qu'il savoit de chansons nouvelles de l'ancien temps. *Colsat*, pendant les airs les plus gais, vit couler des larmes. Pourquoi pleures-tu, dit-il au vieillard? C'est que j'ai faim, répondit celui-ci; tiens, dit *Colsat*, voici du gâteau; et il le lui mit dans la main. Le pauvre aveugle posa son violon à terre, essuya ses yeux et se mit à manger. A chaque morceau qu'il portoit à la bouche, il en réservoit pour le petit chien fidèle, qui venoit dîner dans sa main. *Colsat*, debout, à son côté, sourioit de plaisir.

Tridi, deuxième décade.

LE NID DE MOINEAUX.

Le petit *Millet* apperçut un jour un nid de moineaux sur le bord d'un toît. Aussi-tôt il courut chercher ses sœurs pour leur faire part de sa découverte. Il y avoit dans le nid trois petits qui commençoient à s'emplumer. *Millet* fut d'abord indécis sur l'usage qu'il devoit faire de ses prisonniers. Balsamine, sa sœur, d'un caractère doux et compatissant, vouloit qu'on les mît dans une cage : elle se chargeoit d'en avoir soin. *Millet* imagina de les plumer tout vifs, pour se donner le plaisir de les faire sautiller tout nuds dans la place ; et de suite il commence son exécution. En voilà un de déshabillé, dit-il, en jettant le premier à terre. Dans un moment, toute la petite famille fut dépouillée de ses plumes naissantes. Les pauvres petits agitoient leurs aîles en tremblottant, et jettoient des cris de douleur ; mais *Millet*, au lieu de se laisser attendrir, s'amusoit à les pousser avec le pied ; et lorsqu'ils faisoient une culbute, il jettoit un éclat de rire.

Mes enfans, dit le père, qu'on avoit instruit de ce trait de méchanceté, vous regarderiez comme un homme bien cruel celui qui vous arracheroit les cheveux : voilà cependant le supplice que *Millet* vient de faire endurer à de pauvres petits oiseaux, qui ne lui avoient fait aucun mal ; j'aime à croire que c'est le défaut de réflexion qui lui a fait commettre ce meurtre, et que vous n'avez tous dans le cœur que des sentiments de bienfaisance et d'humanité.

Quartidi, deuxième décade.

LE BABILLARD.

Vermont étoit un petit enfant, plein d'esprit et de vivacité. A l'âge de six ans, il savoit lire dans le premier livre qu'on lui présentoit. Les lettres de son écriture étoient bien formées ; il n'en mettoit point de grandes, de moyennes et de petites dans le même mot ; les unes penchées en avant, les autres en arrière, et ses lignes n'alloient point de haut en bas, comme je l'ai vu pratiquer à beaucoup d'autres enfans de son âge.

Ses parens n'étoient pas moins contents de son obéissance, que ses maîtres de son application. Il vivoit dans la plus grande union avec ses frères, et traitoit ses petits camarades avec toutes sortes d'égards et de prévenances.

Avec tant de qualité, *Vermont* se rendit insupportable. Un seul défaut qu'il contracta, fit perdre de vue les graces de son esprit et la bonté de son cœur : *Vermont* devint le plus grand babillard de l'univers. Le matin, par exemple, en se mettant à l'ouvrage, il falloit d'abord qu'il dît : *Oh ! oh ! il est bien tems de commencer. Que diroit papa, s'il me trouvoit les bras croisés ? O mon Dieu ! la grande page que j'ai à écrire ! mais je saurai bien en venir à bout. Ah ! voilà l'horloge qui sonne ; une, deux, trois, quatre, cinq, six, sept, huit heures. J'ai encore deux heures jusqu'à la leçon de mon maître de dessin. En deux heures, on peut expédier bien de la besogne. Où est donc mon canif ? Ma sœur, n'as-tu pas vu mon canif ? Il faut qu'on me l'ait égaré ; on ne m'en fait jamais d'autres. Sans canif, il est impossible de rien faire de bien. Vous êtes obligé de vous servir de mauvaises plumes, vos liaisons sont manquées, votre écriture n'est point nette, et puis votre ouvrage n'a aucune grace.*

C'est ainsi que le petit *Vermont* dégoisoit ainsi impitoyablement toute la journée. Quand son père et sa mère s'entretenoient ensemble de choses intéressantes, il venoit étourdiement se jetter au travers de leurs discours. Souvent, à dîner, il en étoit encore à la soupe, lorsque les autres avoient presque fini leur repas. Il oublioit le boire et le manger pour se livrer à son bavardage ; plutôt que de rester muet, il auroit lié conversation avec sa fourchette et son couteau.

Après bien des reproches et des humiliations, Vermont parvint à ne parler qu'à propos. Il lui en coûta d'abord pour retenir sa langue, qui, de démangeaison, rouloit çà et là dans sa bouche; mais peu à peu cette retenue devint moins pénible, et *Vermont* se défit entiérement de son babil. On le voit aujourd'hui figurer fort agréablement dans la société, sans y porter le trouble et l'ennui.

Quintidi, deuxième décade.

LES MAÇONS SUR L'ECHELLE.

Le petit *Jasmin* se promenant un jour avec son père sur la place publique, s'arrêta devant une maison qu'on bâtissoit, et qui étoit déjà élevée au second étage. Plusieurs manœuvres, placés l'un au-dessus de l'autre, sur les bâtons d'une échelle, piquèrent sa curiosité. Un homme prenoit un moëlon dans un grand tas, et le portoit à un autre homme placé sur le premier échelon. Celui-ci, élevant ses bras au-dessus de sa tête, présentoit le moëlon à un troisième élevé au-dessus de lui, ce dernier à un quatrième, et ainsi de mains en mains, jusqu'aux mâçons placés au haut de l'échafaud.

Ne vaudroit-il pas mieux, dit *Jasmin* à son papa, qu'au lieu de tant de personnes réunies pour le même objet, chacun allât bâtir sa maison; il y auroit bientôt davantage de maisons qu'il n'y en a?

Non, mon fils, répondit le père; tu ne sais pas combien d'arts et de métiers sont nécessaires à la construction d'une maison. Il en est d'un édifice comme de tous les travaux de la société. Un homme qui voudroit se tenir à l'écart et travailler sans le secours des autres, dans la crainte d'être obligé de les aider à son tour, ruineroit ses forces sans venir à bout d'aucune entreprise, tandis qu'en se prêtant mutuellement assistance, les hommes exécutent en peu de tems les travaux les plus difficiles et les plus pénibles.

Sextidi, deuxième décade.

L'homme est bien comme il est.

Quel plaisir mon papa, disoit le jeune *Lilas*, si j'étois grand comme ce cerisier, qui est dans notre jardin; il ne faudroit ni échelle, ni perche, quand les cerises viendroient à mûrir. Je ne craindrois pas les voitures, lorsque j'irois dans les rues. Il ne s'agiroit que d'écarter les jambes, pour faire passer entre le carosse et le cocher. D'une enjambée je traverserois une rivière.

Et puis je serois bien plus fort, si j'étois si grand. Qu'il vînt un ours à ma rencontre, je lui tordérois le cou comme à un pigeon. Il ne faudroit plus de bœufs pour labourer la terre. On tireroit la charrue soi-même, et en dix pas, on seroit au bout du champ.

Mais mon fils, répondit le père, la terre ne

suffiroit pas pour nourrir tant de monstrueux collosses. Dans une contrée où mille personnes vivent aujourd'hui, à peine en pourroit-il subsister vingt. Nous mangerions chacun notre bœuf en deux jours, et il nous faudroit une demi-tonne de lait pour notre déjeûner.

Septidi, deuxième décade.

LA MAL-PROPRETÉ.

Porphire étoit un excellent petit garçon : il étoit doux, complaisant avec ses amis, obéissant envers ses maîtres et ses parens. Il n'avoit qu'un défaut, c'étoit de ne prendre aucun soin de ses livres et de ses effets, et d'être très-sale sur ses habits. On avoit beau le reprendre de sa négligence : c'étoit toujours le même désordre et la même malpropreté. Enfin l'occasion de le mortifier se présenta : il s'agissoit d'une promenade sur l'eau. *Porphire* depuis un mois s'en faisoit une fête. L'état pitoyable de son accoutrement, l'en priva. Comment le faire paroître avec des bas sur les talons, de grands yeux aux genoux de sa culotte, une veste couverte de taches, un pan de moins à son habit? *Porphire* fit des réflexions, et forma pour l'avenir de bonnes résolutions que son expérience lui fit suivre fidèlement.

Octidi, deuxième décade.

LA PETITE FILLE A MOUSTACHES.

Veux-tu bien faire ce que je te dis ? mais voyez donc ce petit obstiné ! allons, obéissez quand je vous l'ordonne. C'est de ce ton qu'on entendoit toute la journée l'altière *Camomille* gourmander son jeune frère.

A l'en croire, il ne faisoit jamais rien que de travers. Tout ce qu'elle pensoit au contraire, lui paroissoit un chef-d'œuvre de raison. Les jeux qu'il lui proposoit étoient toujours ennuyeux ; puis, elle les choisissoit elle-même le lendemain comme les plus amusants. Il falloit que son malheureux frère obéît à tous ses caprices.

Les parens de *Camomille* lui avoient plusieurs fois représenté qu'on ne parvenoit à se faire chérir que par la douceur et par la complaisance ; ces sages leçons étoient inutiles.

Un officier, d'un caractère franc, dînoit un jour chez les parens de la petite fille. Il vit avec quel air tyrannique elle traitoit son frère et tous les gens de la maison. La politesse lui fit d'abord garder le silence ; mais enfin, excédé de tant d'impertinence : je sais bien, dit-il, ce que je ferois d'une petite fille aussi décidée ; je lui donnerois un habit d'uniforme, je lui ferois appliquer des moustaches, et notre régiment en feroit un caporal, pour qu'elle pût satisfaire, tout à son aise, l'envie qu'elle a de commander.

Camomille confondue, résolut de s'épargner des humiliations par un prompt changement. Cette résolution, aidée des tendres avis de sa mère, eut le succès le plus heureux.

Nonidi, seconde décade.

Les rapports indiscrets.

Anémone, quoique d'un naturel assez doux, avoit contracté un défaut bien cruel : c'étoit de rapporter tout ce qu'elle croyoit remarquer de mauvais dans les autres. L'inexpérience de son âge lui faisoit souvent interprêter défavorablement les actions les plus innocentes. Un seul mot, une apparence légère lui suffisoient pour former d'injustes soupçons ; et à peine venoient-ils de s'établir dans son esprit, qu'elle couroit les répandre comme des faits avérés ; elle y ajoutoit même quelquefois les circonstances que lui avoit prêté son imagination, pour se rendre la chose plus vraisemblable à elle-même. Il est aisé de voir combien de maux furent produits par ces récits indiscrets. Toutes les familles de son quartier furent brouillées ensemble. Les frères et les sœurs, les maîtres et les domestiques étoient dans un état de guerre continuelle. On fut obligé de lui interdir l'entrée de toutes les maisons de la ville.

Un mépris aussi général fit connoître à *Anémone* la noirceur de ses indiscrétions. Comme aucune difficulté ne résiste à une ferme et courageuse résolution, elle parvint à tourner son esprit observateur sur les objets dignes de ses éloges. Les jouissances odieuses de sa malignité furent remplacées par une satisfaction bien plus pure et bien plus flatteuse. Elle étoit la première à présenter les actions équivoques sous un point de vue propre à les faire excuser ; et lorsqu'elle ne pouvoit elle-même les voir sous un jour favorable, elle aimoit à se persuader qu'elle ignoroit quelques circonstances ou quelque motif louable. Enfin, si le cas n'étoit susceptible d'aucune indulgence, elle plaignoit le coupable, et rejettoit sa faute sur l'ignorance du mal qu'il avoit commis.

Cependant *Anémone* fut bien long-temps encore à regagner les cœurs qu'elle avoit aliénés.

Décadi, seconde décade.

LE REVENANT.

Sureau, gros fermier, revenoit un soir de la foire du village voisin, avec *Raisin* et *Olive*, ses deux enfans. C'étoit vers la fin de l'automne où la nuit commence de bonne heure. En passant devant une auberge, *Sureau* avertit ses enfans qu'il s'arrêtoit; et, comme ils savoient la route, il leur dit de la suivre, leur promettant de les rejoindre bientôt. *Raisin* et *Olive* s'en alloient donc à petits pas, s'entretenant des farces plaisantes qu'ils avoient vu faire aux marionnettes, et les répétant, pour s'amuser. Tout à coup, vers le milieu d'un sentier, qui aboutissoit au grand chemin, par le coin d'un petit bois, ils apperçurent quelque chose de flamboyant, qui sembloit danser en s'élevant de terre et s'abaissant tout à coup. Sureau, autrefois soldat, avoit souvent dit à ses enfans, qu'il ne falloit pas avoir peur de ce qui paroît effrayant dans les ténèbres, et qu'en s'en approchant, on trouvoit toujours que ce n'étoit rien. *Raisin*, dans ce moment, avoit oublié toutes ces instructions. Il trembloit de tout son corps. *Olive*, moins timide, vouloit voir la chose de près. Elle n'étoit plus qu'à vingt pas de la lumière, lorsqu'il reconnut le joueur de marionnettes de la foire, qui, avec sa lanterne, cherchoit quelque chose autour de lui.

En tirant son mouchoir de sa poche, il avoit fait tomber sa bourse. Il la cherchoit depuis un quart-d'heure. *Olive* la trouva accrochée aux branches d'une aubépine. Pour récompense, le joueur de marionnettes lui donna ce drole de polichinelle qui l'avoit tant fait rire, et tout le long de la route, il lui apprit à le faire jouer. Ils ne faisoient que d'entrer dans la ferme, lorsque *Sureau* y arriva. Le joueur de marionnettes raconta son aventure, et loua le courage d'Olive. *Raisin* parut un instant après, couvert de boue, de la tête aux pieds. La peur l'avoit fait précipiter dans un fossé.

Primidi, troisième décade.

Le fou.

Il y avoit à Bordeaux un fou qu'on nommoit *Bouleau* : il ne sortoit jamais sans avoir cinq ou six perruques entassées sur la tête, et autant de manchons passés dans chacun de ses bras. Quoique son esprit fût dérangé, il n'étoit point méchant, et il falloit le harceler long-temps pour le mettre en colère. Lorsqu'il passoit dans les rues, il sortoit de toutes les maisons des petits garçons malicieux qui le suivoient en criant : combien veux-tu vendre tes manchons et tes perruques? il y en avoit même d'assez méchants pour lui jetter des pierres. *Bouleau* supportoit ordinairement avec douceur toutes ces insultes; cependant, il étoit quelquefois si tourmenté, qu'il entroit en fureur et prenoit des cailloux et des poignées de boue qu'il jettoit aux polissons.

Ce combat se livra un jour devant la maison du vieillard *Mélèze*. Le bruit l'attira à la fenêtre : il vit avec douleur que son petit fils Lilas étoit engagé dans la mêlée. A peine s'en fut-il apperçu, qu'il referma la croisée et passa dans une autre pièce de son appartement.

Lorsque *Lilas* fut rentré, le vieillard lui dit : un procès injuste a enlevé toute la fortune à ce pauvre homme que tu poursuivois dans la rue. Le malheur l'a rendu fou. Assurément tu l'aurois plaint, s'il t'avoit raconté ses peines, lorsqu'il étoit encore dans son bon sens : réfléchis un peu, et tu rougiras d'avoir insulté à un malheureux que tu aurois cherché à consoler, lorsqu'il étoit moins à plaindre.

Duodi, troisième décade.

La neige.

Après plusieurs annonces trompeuses, le printemps étoit arrivé. Il souffloit un vent doux qui réchauffoit les airs. On voyoit les gazons reverdir et les fleurs percer la terre. Le jeune *Romarin* étoit déjà allé à la campagne avec son père. Il avoit entendu les premières chansons des pinsons et des merles, et il avoit cueilli les premières violettes. Mais le temps changea encore une fois. Il s'éleva tout-à-coup un vent de nord violent, qui siffloit dans la forêt et couvroit les chemins de neige. *Romarin* entra tout tremblottant dans son lit, enchanté d'avoir un gîte si commode, à l'abri des injures de l'air.

Le lendemain matin, lorsqu'il se leva, tout étoit blanchi. Il étoit tombé pendant la nuit une si grande quantité de neige, que les passants en avoient jusqu'aux genoux.

Romarin en fut attristé. Les petits oiseaux le paroissoient

paroissoient bien davantage. Comme la terre étoit couverte à une grande épaisseur, ils ne trouvoient rien à manger. Des troupes nombreuses de moineaux, de linottes, de pinsons et d'allouettes s'abbattoient dans les chemins et dans les cours des maisons, et fenetoient des pattes et du bec dans les amas de débris, afin d'y trouver quelque nourriture.

Il vient près d'une cinquantaine de ces hôtes dans la cour de la maison de *Romarin*. Cet excellent enfant entre tout affligé dans la chambre de son père. Ah, mon Papa ! les pauvres oiseaux qui chantoient si joyeusement, il n'y a que deux jours, ils sont tous là dans la cour transis de froid, et ils demandent à manger. Je vais dans le grenier leur chercher quelques poignées de balayures.

Tridi, troisième décade.

Les deux pommiers.

Un riche laboureur étoit père de deux garçons, dont l'un avoit tout juste un an de plus que l'autre. Le jour de la naissance du second, il avoit planté, à l'entrée de son verger, deux pommiers d'une tige égale, qu'il avoit cultivés depuis avec le même soin, et qui avoient si également profité de leur culture, qu'on auroit pas su se décider entre eux pour la préférence. Lorsque ses enfans furent en état de manier les outils du jardinage, il les mena, un beau jour de printems, devant les deux arbres qu'il avoit plantés pour eux, et nommés de leurs noms; et après leur avoir fait admirer leur belle tige et la quantité de fleurs dont ils étoient couverts, il leur dit : vous voyez, mes enfans, que je vous les livre en bon état. Ils peuvent autant gagner par vos soins qu'ils perdroient par votre négligence : leurs fruits vous récompenseront en proportion de vos travaux.

Le cadet étoit infatigable. On le voyoit souvent occupé à délivrer son arbre des chenilles qui l'auroient dévoré. Il étaya sa tige d'un échalas, pour empêcher qu'il ne prît une mauvaise tournure; il piochoit la terre tout autour, afin qu'elle pût se pénétrer plus aisément des feux du soleil et de l'humidité de la rosée. Sa mère n'avoit pas eu plus d'attention pour lui, dans sa plus tendre enfance, qu'il n'en avoit pour son jeune pommier.

Le frère aîné ne faisoit rien de tout cela. Il passoit la journée à grimper sur le côteau voisin d'où il jettoit des pierres aux passants. Il alloit chercher tous les paysans d'alentour, pour se battre avec eux. En un mot, il négligea si bien son arbre, qu'il n'y songea du tout qu'au moment où il vit, dans l'automne, celui de son frère si chargé de pommes bigarrées de rouge et de blanc, que sans l'appui qui soutenoit ses branches, le poids de ses fruits l'auroit entraîné à terre. Frappé à la vue d'une si belle récolte, il courut à son arbre. Mais quelle fut sa surprise de n'y trouver que des branches couvertes de mousse ; et quelques feuilles jaunies. L'expérience lui fit sentir la nécessité du travail. Il eut, les années suivantes, le double avantage de s'enrichir de récoltes abondantes et d'avoir perdu l'habitude des vices qu'il avoit contractés.

Quartidi, troisième décade.

L'AGNEAU.

La petite *Argile*, fille d'un pauvre paysan, étoit assise un matin, au bord d'une grande route, tenant sur ses genoux une écuelle de lait, dans lequel elle trempoit pour son déjeûner des mouillettes coupées dans un gros morceau de pain noir.

Dans le même temps, il passoit sur le chemin, un voiturier qui portoit dans sa charrette une vingtaine d'agneaux vivants, qu'il alloit vendre au marché. Ces pauvres animaux entassés les uns sur les autres, les pieds garottés et la tête pendante, remplissoient l'air de bêlements plantifs qui perçoient le cœur d'*Argile*, mais auxquels le voiturier ne paroissoit pas faire attention. Tiens, dit-il, en passant devant la petite paysanne, voilà un agneau qui vient de mourir ; prends-le, si tu veux, pour en faire une fricassée.

Argile interrompit son déjeûner, posa son écuelle et son pain à terre, ramassa l'agneau, et se mit à le regarder d'un air de pitié. L'agneau, réchauffé par la chaleur de ses bras, ouvrit les yeux, fit un léger mouvement, et poussa un *bée* languissant, comme s'il eût crié après sa mère.

Il seroit difficile d'exprimer la joie que ressentit la petite fille. Elle enveloppe l'agneau dans son tablier, relève par-dessus son cotillon de futaine, et lui souffle de toute son haleine dans les narines et dans le museau. La pauvre bête fit quelques mouvements. Encouragée par ce premier succès, *Argile* broie quelques miettes de pain entre ses mains, les jette dans l'écuelle, puis les ramassant du bout de ses doigts, parvient avec assez de peine à les lui faire glisser entre les dents qu'il tenoit étroitement serrées. L'agneau, qui ne mouroit que de besoin, se sentit un peu fortifié par cette nourriture. Il commença à étendre les jambes, à secouer la tête, à fretiller de la queue, et à redresser les oreilles. Bientôt il eut la force de se tenir sur ses pieds. Puis il alla de lui-même boire dans l'écuelle le déjeûner d'*Argile* qui le voyoit faire en souriant. Un quart-d'heure ne s'étoit pas écoulé, qu'il avoit déjà fait plusieurs cabrioles. *Argile*, transportée de joie, le prit entre ses bras, courut à sa cabane, et le présenta à sa mère. *Bébé*, c'est ainsi qu'elle l'appeloit, devint, dès ce moment, l'objet de tous ses soins. Elle ne l'auroit pas troqué, lui tout seul, contre le plus grand troupeau du village. *Bébé* fut si reconnoissant de son amitié, qu'il ne la quittoit jamais : il venoit manger dans sa main. Il bondissoit autour d'elle, et lorsqu'elle étoit quelquefois obligée de sortir sans lui, il poussoit les bêlements les plus plaintifs. *Bébé* produisit de petits agneaux qui en produisirent d'autres à leur tour; ensorte que peu d'années après, *Argile* eut, pour récompense de sa bonté, un fort joli troupeau, qui nourrit de son lait toute la famille et lui fournit des vêtements.

Quintidi, troisième decade.

Les buissons.

Dans une riante soirée du printems, *Serpolet* étoit assis avec *Martagon*, son fils, sur le penchant d'une colline, d'où il lui faisoit admirer la beauté de la nature que le soleil couchant sembloit revêtir d'une robe de pourpre. Ils furent distraits de leur douce rêverie par les chants joyeux d'un berger, qui ramenoit son troupeau bêlant de la prairie voisine. Des deux côtés du chemin qu'il suivoit, s'élevoient des buissons d'épines, et aucune brebis n'en approchoit sans y laisser quelque dépouille de sa toison.

Martagon entra en colère contre les ravisseurs. Pourquoi, dit-il, ces buissons qui dérobent la laine aux brebis? dès demain à la pointe du jour, je reviendrai avec ma serpette, *ritz* et *ratz*, je jetterai à bas toutes ces broussailles. Tu viendras avec moi, mon papa; tu porteras ton grand sabre, et l'expédition sera faite avant déjeûner.

Martagon, fier de détruire de son petit bras une légion de voleurs, se croyoit déjà un héros,

A peine les oiseaux perchés sur les fenêtres eurent-ils annoncé le retour de l'aurore, qu'il se hâta d'éveiller son père. *Serpolet*, charmé de trouver l'occasion de montrer à son fils les beautés ravissantes du jour naissant, ne fut pas long à sauter de son lit. Tous les deux s'habillèrent à la hâte, et se mirent en chemin pour leur expédition. *Martagon* marchoit le premier d'un air de triomphe. En approchant des buissons, ils virent de tous les côtés des oiseaux qui alloient et venoient en voltigeant. Doucement, dit *Serpolet*; ne troublons pas ces innocentes créatures. Remontons à l'endroit de la colline où nous étions assis hier au soir, pour examiner ce que les oiseaux cherchent sur les buissons d'un air si affairé. Ils remontèrent la colline, s'assirent, et regardèrent : ils virent que les oiseaux emportoient dans leur bec les flocons de laine que les buissons avoient accroché la veille aux brebis. Il venoit des troupes de fauvettes, de pinsons, de linottes et de rossignols, qui s'enrichissoient de ce butin.

Que veut dire cela, s'écria *Martagon*, tout étonné ?

Ces pauvres oiseaux ! répondit le père, prennent ici de quoi tapisser le logement qu'ils préparent à leurs petits. Ils se font un lit commode pour eux et pour leur jeune famille. Ce buisson contre lequel tu t'emportois hier si légèrement, demande au riche son superflu, pour donner au pauvre ce dont il a besoin.

Sextidi, troisième décade.

Le bon fils.

Un enfant placé dans une pension gratuite, se contentoit depuis plusieurs jours de la soupe et du pain sec avec de l'eau. Le maître de la pension l'en reprit, attribuant cela à un goût de singularité mal-entendu : voyant que cet enfant continuoit toujours, sans vouloir s'expliquer, il se croit obligé de lui faire des menaces. Hélas! dit l'enfant, vous voulez savoir la raison que j'ai d'agir comme je fais ; la voici : dans la maison de mon père, je mangeois du pain noir en petite quantité ; nous n'avions souvent que de l'eau à y ajouter. Ici je mange de bonne soupe, le pain y est bon et à discrétion : je trouve que je fais grande chère ; je ne puis me résoudre à manger davantage, me souvenant de l'état de mon père et de ma mère.

Puisque vos parens sont si peu à leur aise, reprit le maître de pension attendri ; vraisemblablement ils n'ont pas bien garni ta bourse ; reçois ces vingt-cinq livres pour satisfaire à tes petits besoins ; quant à ton père, je vais lui procurer des secours : ne t'inquiette pas.

Ah! repartit promptement l'enfant, je desirerois qu'il eût ces vingt-cinq livres. Ici j'ai de tout en abondance, cet argent me deviendroit inutile ; il fera grand plaisir à mon père, pour ses autres enfans.

Septidi, troisième décade.

LE JOUEUR.

J'avois à peine achevé le cours de mes études, lorsque mes parents me placèrent dans une maison de commerce. Le goût que j'avois montré, jusqu'alors, pour le travail, promettoit des succès dans mon nouvel état. Je réponds, en effet, pendant quelques mois à l'attente de ma famille; mais bientôt la passion du jeu s'empare de moi, au point de me rendre insupportable tout ce qui m'en éloignoit. Je ne prenois des aliments qu'à la hâte. A peine pouvois-je me résoudre à donner quelques heures au repos. L'idée de mes amis, de mes parents mêmes, m'étoit devenue importune. Je ne me trouvois bien qu'avec ceux qui cherchoient à me dépouiller.

Un jour, on me donna la commission d'aller dans une ville étrangère, acheter une quantité assez considérable de marchandises. Dès le soir de mon arrivée, je perdis, avec tout ce que je possédois, le dépôt qu'on m'avoit confié. J'étois au désespoir, lorsqu'un ami vint me promettre de satisfaire à mes obligations : il m'avoit d'abord rebuté pour me donner le temps de sentir l'horreur de ma situation. Dès ce jour même, je renonçois à tous les plaisirs dispendieux, afin de regagner promptement sur mes épargnes de quoi m'acquitter envers ce généreux ami.

Octidi, troisième décade.

Le forgeron bienfaisant.

Cerfeuil passoit devant l'attelier d'un forgeron, pour se rendre chez lui ; ayant entendu plusieurs fois vers minuit les coups redoublés du marteau, il voulut savoir ce qui retenoit si long-tems cet ouvrier à sa boutique. Ce n'est pas pour moi que je travail, répondit le forgeron ; c'est pour un de mes voisins qui a eu le malheur d'être incendié. Je me lève tous les jours deux heures plutôt qu'à l'ordinaire, et je me couche deux heures plus tard, afin de secourir ce malheureux. Si j'avois quelque chose, je le partagerois avec lui ; mais je n'ai que mon enclume, et je ne puis la vendre, car c'est-elle qui me fait vivre. En la frappant chaque jour quatre heures de plus qu'à l'ordinaire, cela fait par semaine la valeur de deux journées dont je puis céder le produit. Quand on a des bras, il faut les faire servir à secourir les malheureux.

Nonidi, troisième décade.

Le mauvais fils.

Quel temps affreux ! je meurs de froid, et je n'ai point d'asyle contre les vents et les frimats ; point de lit ; où réchauffer mes membres engourdis?

Je suis vieux, et mes forces sont épuisées par le travail. Fils barbare ! cette pensée me nâvre et me déchire. Fils barbare ! c'est moi qui t'ai donné le jour, c'est moi qui t'ai nourri, c'est moi qui t'ai soigné dans les maladies de ton enfance. Ton corps s'est fortifié, tu es devenu sain et robuste ; tu aurois dû être le soutien de ma vieillesse ; j'avois travaillé toute ma vie pour toi ; tu me chasses de ta maison. Nous ne pouvons plus vivre ensemble, m'as-tu dit en fureur. Et pourquoi donc, mon fils ! que t'ai-je fait ! je t'ai exhorté à la vertu, voilà mon crime. Je t'ai reproché de consumer dans la débauche les fruits de soixante ans de travail. N'avois-je pas gardé assez long-tems le silence, dans la crainte de t'affliger ? je me suis cru obligé de parler. Mes discours étoient aussi tendres que pressants. Je t'ai parlé de ta mère que tes désordres ont fait mourir de chagrin. Je t'ai parlé de moi-même qu'ils alloient aussi plonger dans le tombeau. Je t'ai montré mes joues creusées par les larmes que tu m'as fait répandre. Je t'ai montré mes cheveux blanchis par les années et la douleur. Je t'ai ouvert mes bras, pour t'inviter à revenir dans mon sein. Et toi, mon fils..... tu es venu sur moi d'un air menaçant ; ton bras s'est roidi, et ta porte s'est refermée contre moi. Frémis de ton crime, si la rigueur de la saison et la douleur terminent ma vie.

Décadi, troisième décade.

C'EST UN GRAND ART QUE DE BIEN FAIRE LE BIEN.

» Un jour je me trouvai à une fête de village, disoit à ce sujet J. J. Rousseau à un » de ses amis. Après dîner, la compagnie fut se » promener dans la foire, et s'amusa à jetter » aux paysans des pièces de monnoie, pour le » plaisir de les voir se battre en les ramassant. » Pour moi, suivant mon humeur solitaire, je » m'en fus promener tout seul de mon côté. » J'apperçus une petite fille qui vendoit des » pommes. Elle avoit beau vanter sa marchan- » dise, elle ne trouvoit plus de chalands. Com- » bien toutes vos pommes, lui dis-je? — Toutes » mes pommes, reprit-elle; et la voilà en même » temps à calculer en elle-même. — Six sous, » me dit-elle. — Je les prens, lui dis-je, pour » ce prix, à condition que vous les irez distri- » buer à ces savoyards que vous voyez là bas: » ce qu'elle fit aussi-tôt. Ces enfans furent au » comble de la joie de se voir régalés, ainsi que » la petite fille de s'être défaite de sa marchan- » dise. Je leur aurois fait moins de plaisir, si » je leur avois donné de l'argent. Tout le monde » fut content, et personne ne fut humilié ».

DÉCLARATION

DES DROITS DE L'HOMME

ET DU CITOYEN.

LE peuple Français, convaincu que l'oubli et le mépris des droits naturels de l'homme sont les seules causes des malheurs du monde, a résolu d'exposer dans une déclaration solemnelle ces droits sacrés et inaliénables, afin que tous les citoyens pouvant comparer sans cesse les actes du gouvernement avec le but de toute institution sociale, ne se laissent jamais opprimer et avilir par la tyrannie, afin que le peuple ait toujours devant les yeux les bâses de la liberté et de son bonheur; le magistrat, la règle de ses devoirs; le législateur, l'objet de sa mission.

En conséquence, il reconnoît et proclame en présence de l'Être suprême, la déclaration suivante des droits de l'homme et du citoyen.

ARTICLE. I.

Le but de la société est le bonheur commun; le gouvernement est institué pour garantir à l'homme la jouissance de ses droits naturels et imprescriptibles.

I I.

Ces droits sont l'égalité, la liberté, la sûreté, la propriété.

I I I.

Tous les hommes sont égaux par la nature et devant la loi.

I V.

La loi est l'expression libre et solemnelle de la volonté générale; elle est la même pour tous, soit qu'elle protège, soit qu'elle punisse, elle ne peut ordonner que ce qui est juste et utile à la société, elle ne peut défendre que ce qui lui est nuisible.

V.

Tous les citoyens sont également admissibles aux emplois publics, les peuples libres ne connoissent d'autres motifs de préférence dans leurs élections, que les vertus et les talens.

V I.

La liberté est le pouvoir qui appartient à l'homme de faire tout ce qui ne nuit pas aux droits d'autrui, elle a pour principe, la nature; pour règle, la justice; pour sauve-garde, la loi; sa limite morale est dans cette maxime : *ne fait pas à un autre ce que tu ne veux pas qui te sois fait.*

V I I.

Le droit de manifester sa pensée et ses opinions, soit par l'usage de la presse, soit de toute autre manière; le droit de s'assembler paisiblement, le libre exercice des cultes ne peuvent être interdit; la nécessité d'énoncer ces droits, suppose ou la présence ou le souvenir récent du despotisme.

VIII.

La sûreté consiste dans la protection accordée par la société à chacun de ses membres pour la conservation de sa personne, de ses droits et de ses propriétés.

IX.

La loi doit protéger la liberté publique et individuelle contre l'oppression de ceux qui gouvernent.

X.

Nul ne doit être accusé, arrêté ni détenu que dans les cas déterminés par la loi et selon les formes qu'elle a prescrites. Tout citoyen appelé ou saisi par l'autorité de la loi, doit obéir à l'instant : il se rend coupable par la résistance.

XI.

Tout acte exercé contre un homme hors des cas et sans les formes que la loi détermine, est arbitraire et tyrannique ; celui contre lequel on voudroit l'exécuter par la violence, a le droit de le repousser par la force.

XII.

Ceux qui solliciteroient, expédieroient, signeroient, exécuteroient, ou feroient exécuter des actes arbitraires, sont coupables et doivent être punis.

XIII.

Tout homme étant présumé innocent jusqu'à ce qu'il ait été déclaré coupable, s'il est jugé indispensable de l'arrêter, toute rigueur qui ne seroit pas nécessaire pour s'assurer de la personne, doit être sévèrement réprimée par la loi.

XIV.

Nul ne doit être jugé et puni qu'après avoir été entendu ou légalement appelé, et qu'en vertu d'une loi promulgée antérieurement au délit. La loi qui puniroit des délits commis avant qu'il existât, seroit une tyrannie, l'effet rétroactif donné à loi seroit un crime.

XV.

La loi ne doit décerner que des peines strictement et évidemment nécessaires ; les peines doivent être proportionnées au délit, et utiles à la société.

XVI.

Le droit de propriété est celui qui appartient à tout citoyen de jouir et de disposer à son gré de ses biens, de ses revenus, du fruit de son travail et de son industrie.

XVII.

Nul genre de travail, de culture, de commerce, ne peut être interdit à l'industrie des citoyens.

XVIII.

Tout homme peut engager ses services, son

temps; mais il ne peut se vendre ni être vendu : sa personne n'est pas une propriété aliénable. La loi ne reconnoît point de domesticité; il ne peut exister qu'un engagement de soins, de reconnoissance entre l'homme qui travaille et celui qui l'emploie.

X I X.

Nul ne peut être privé de la moindre portion de sa propriété sans son consentement, si ce n'est lorsque la nécessité publique, légalement constatée, l'exige, et sous la condition d'une juste et préalable indemnité.

X X.

Nulle contribution ne peut être établie que pour l'utilité générale. Tous citoyens ont droit de concourir à l'établissement des contributions, d'en surveiller l'emploi, et de s'en faire rendre compte.

X X I.

Les secours publics sont une dette sacrée, la société doit la subsistance aux citoyens malheureux, soit en leur procurant du travail, soit en assurant les moyens d'exister à ceux qui sont hors d'état de travailler.

X X I I.

L'instruction est le besoin de tous, et la société doit favoriser de tout son pouvoir les progrès de la raison publique, et mettre l'instruction à la portée de tous les citoyens.

XXIII.

La garantie sociale consiste dans l'action de tous, pour assurer à chacun la jouissance et la conservation de ses droits.

Cette garantie repose sur la souveraineté nationale.

XXIV.

Elle ne peut exister, si les limites des fonctions publiques ne sont pas clairement déterminées par la loi, et si la responsabilité de tous les fonctionnaires n'est pas assurée.

XXV.

La souveraineté réside dans le peuple, elle est une et indivisible, imprescriptible et inaliénable.

XXVI.

Aucune portion du peuple ne peut exercer la puissance du peuple entier, mais chaque section du souverain assemblée, doit jouir du droit d'exprimer sa volonté avec une entière liberté.

XXVII.

Que tout individu qui usurperoit la souveraineté, soit à l'instant mis à mort par les hommes libres.

XXVIII.

Un peuple a toujours le droit de revoir, de réformer et de changer sa constitution. Une génération ne peut assujettir à ses loix les générations futures.

XXIX.

Chaque citoyen a un droit égal de concourir à la formation de la loi et la nomination de ses mandataires ou des agens.

XXX.

Les fonctions publiques sont essentiellement temporaires, elles ne peuvent être considérées comme des distinctions ni comme des récompenses, mais comme des devoirs.

XXXI.

Les délits des mandataires du peuple et de ses agens, ne doivent être jamais impunis; nul n'a le droit de se prétendre plus inviolable que les autres citoyens.

XXXII.

Le droit de présenter des pétitions aux dépositaires de l'autorité publique, ne peut en aucun cas être interdit, suspendu ni limité.

XXXIII.

La résistance à l'oppression est la conséquence des autres droits de l'homme.

XXXIV.

Il y a oppression contre le corps social, lorsqu'un seul de ses membres est opprimé.

Il y a oppression contre chaque membre, lorsque le corps social est opprimé.

XXXV.

Quand le gouvernement viole les droits du

peuple, l'insurrection est pour le peuple, et pour chaque portion du peuple, le plus sacré des droits, et le plus indispensable des devoirs.

Signé, COLLOT-D'HERBOIS, *Président*.

DURAND-MAILLANE, DUCOS, MÉAULLE, CH. DELACROIX, GOSSUIN, P. A. LALOY, *Secrétaires*.

Notice des livres qui se trouvent à la même adresse.

Les Élémens du républicanisme, par Billaud-Varenne. 2 liv.

Code judiciaire, deuxième édition, 2 vol. 10

— Rural, deuxième édition, 1 vol. 5

— Féodal, deuxième édition, 1 vol. 5

— De la marine, 1 vol. 5

— Militaire, 9 vol. in-12. 21

Tribunal de famille par Guichard, 3e. édition. . . . 3

Le nouveau Magasin des enfans, 2 vol. avec fig. . . 4

Le Manuel des jeunes républicains, ou Instruction de la jeunesse à l'usage des écoles primaires, contenant un précis sur la révolution, un Cathéchisme sur l'essence de notre gouvernement, la Géographie républicaine, les Droits de l'homme, la Constitution, et les faits héroïques de nos défenseurs, &c. et en tête la gravure du jeune Barras. . . . . 2 liv. 5 f.

Le Code révolutionnaire provisoire en petit format. 15

La Constitution, avec le nouveau calendrier, petit format. 15

Le tout franc de port.

La Collection des Décrets par ordre de matière, de la première assemblée, 18 vol. in-8°. superbe édition, au rabais, à 1 liv. 10 sous le vol. au lieu de 5 liv.

par enchantement à l'e[illegible]etique. Une transpiration abondante [illegible] un grand nombre. Trois seulement ont été d'un mauvais caractère, ont exigé l'usage des acides minéraux, de la serpentaire de Virginie, du kinkina & des vésicatoires en plusieurs endroits. L'un d'eux s'est terminé heureusement par une parotide qui a suppuré abondamment.

Il y a eu dans ce mois onze jours de pluie pendant lesquels la sérénité du ciel a été à peine obscurcie, savoir, les 15, 20, 24, 27, 28, 9 & 31 décembre, & les 6, 7, 6 & 10 janvier. La quantité d'eau qui est tombée a été 2 pouc. & $\frac{1}{2}$; l'évaporation au soleil a été de 4 pouc. $\frac{1}{2}$, à l'ombre & au vent d'un pouce & 4 lign. & d'un pouce à l'ombre & à l'abri du vent.

Le soleil se leva le 15 décembre à 6 heur. 32 min. & se coucha à 5

www.ingramcontent.com/pod-product-compliance
Ingram Content Group UK Ltd.
Pitfield, Milton Keynes, MK11 3LW, UK
UKHW020951180726
13838UKWH00003B/1263